3

m 291.

PETITE SEMONCE

AU SIEUR LAINÉ,

Grand auteur, faiseur, dresseur et vendeur de généalogies, soit disant historiques , véridiques , mais plutôt fausses, abusives, grotesques et mensongères.

⁂

Depuis nombre d'années le public est induit en erreur par les ouvrages qui se publient sur les Généalogies des familles nobles de France.

Il est convenable de lui dire que, depuis 1789 jusqu'à cette année 1836, aucun individu n'a été nommé ni accrédité par les divers gouvernemens qui se sont succédé, à l'effet d'établir et de dresser des généalogies auxquelles foi pût être ajoutée.

Le sieur de Courcelles avait bien obtenu, en 1821 ou 1822, le titre de *généalogiste honoraire du roi*; mais ce titre était tout à fait *illusoire* et même *dérisoire*; car le mot *honoraire*, en ouvrant le Dictionnaire de l'Académie, ne s'applique qu'aux personnes qui, après avoir exercé long-temps certains emplois, certaines charges, en retiennent les honneurs principaux; or jamais le pauvre M. de Courcelles, n'ayant, avant cette époque, fait ni dressé

1

aucune généalogie, ne pouvait donc être *généalogiste honoraire,* c'est-à-dire généalogiste en retraite; et la concession de ce titre ne comportait d'ailleurs nullement le droit, le privilége de faire et de dresser des généalogies avouées par le gouvernement, et auxquelles foi dût être ajoutée, comme ayant été établies par son mandat, par son ordre. Cela est si vrai que, devant aucun de nos tribunaux, devant aucune de nos autorités, les travaux du sieur de Courcelles n'ont eu et ne peuvent avoir aucun cours, aucun crédit. Il était tout simplement *boutiquier* de *généalogies,* et en dressait à prix d'argent, pour qui en désirait ; le public sait qu'en pareil cas la partie qui paie *veut être servie à son gré*; voilà pourquoi on trouve de si belles choses et des origines aussi burlesquement gigantesques dans les généalogies du sieur de Courcelles.

Dans tout ceci, il n'y aurait qu'à pouffer de rire et à badiner, si cet auteur s'était borné à ne suivre que son genre héroïque, et à gonfler l'origine des familles, selon le prix qu'elles mettaient à sa plume. Mais non, le sieur de Courcelles avait de la haine contre ceux qui ne voulaient pas se présenter à son tribunal, et se rendre ses tributaires; et comme nous nous étions bien gardés de tomber dans ce ridicule, de là nous vint l'animadversion qu'il nous manifesta, et que nous fîmes connaître dans une circulaire répandue, en 1827, dans toutes les classes de la société, et dans laquelle nous signalions les *bévues,* les *mensonges* et même les *méchancetés* de ce noble auteur, qui n'osa pas répondre un seul mot, et passa condamnation. Longtemps après, le sieur Courcelles vint à décéder, et nous pensions, suivant l'ancien proverbe, que *morte la bête, mort le venin.*

Mais pas du tout; voici qu'aujourd'hui le sieur Laîné, ancien commis du sieur Courcelles, et tenant comme lui boutique de généalogies, prétend nous continuer la rancune de son maître, et même, en bon *paillasse*, le surpasser, en disant, au tome III de ses prétendues archives généalogiques, (nobiliaire du Soissonais page 32,) que « la généalogie de cette maison est le tra-« vail le plus exact et le plus complet qui existe; « il est terminé par un arrêt du tribunal civil de « première instance de Paris, du 26 août 1821, « confirmé, par un arrêt de la cour de cassation, du « 25 février 1825, qui condamne une famille de « bourgeois de Grenoble, nommée CHANEL, à « quitter le nom de CROUY qu'elle avait usurpé. »

S'il n'y avait ici qu'*ânerie, imbécillité, ignorance stupide,* nous laisserions le sieur Laîné dans ses élémens qui lui sont propres, et nous eussions, comme tout le monde le fait, ri de ses œuvres; mais il y a perversité et duplicité de sa part.

Le sieur Laîné a eu une parfaite connaissance du procès que nous avons intenté, en 1820, à MM. de Croy de Solre et d'Havré, à l'effet de les empêcher de se dire issus de la maison *royale de Hongrie,* dont nous descendons nous-mêmes, et et de prendre les armes de cette maison, qui sont les *nôtres* et non les leurs.

C'étaient là les deux questions principales du procès que nous intentions; et ces deux points capitaux nous ont été adjugés dans le jugement du 12 mai 1821, dont le sieur Laîné parle dans le paragraphe précité; mais en dissimulant, en cachant la vérité au public; car ledit jugement porte:

« Que MM. de Croy d'Havré et de Solre, *n'offrant pas la preuve juridique de leur descendance des rois de Hongrie et de leur possession des armoiries de cette maison, leur fait défense de les porter.* »

Ce jugement laisse, au contraire, la maison de Crouy-Chanel dans tous ses droits, quant aux noms et armes de Hongrie.

En 1828 et 1830, le marquis de Crouy-Chanel, l'un de nous eut à plaider en cour royale et en cour de cassation; M. Cahier, avocat-général, en résumant les faits de la cause, et en parlant du marquis de Crouy-Chanel, qui était *demandeur*, s'exprime ainsi:

« L'arrêt de 1821 n'a pas, selon le demandeur,
« remonté l'examen de ses auteurs au-delà de
« l'année 1642. S'il l'eût fait, continue-t-il, s'il
« eût soigneusement vérifié les pièces, il aurait vu
« 1° que ce François-Laurent de Chanel, sergent
« major du fort barrau, était né de Claude,
« également major du même fort; 2° que celui-ci

» se nommait Claude de *Crouy-Chanel* ; 3° qu'à ce
» Claude de Crouy-Chanel, le connétable de Les-
» diguières écrivait, en 1598 : « Je vous aurais fait
» expédier des lettres de noblesse, si n'estait notoire
» que vos ancêstres en octroyaient aux autres. »

Si la cour de Paris fut remontée plus haut, dit
encore le demandeur, elle aurait trouvé Jean de
Crouy-Chanel blessé et fait prisonnier à la bataille
de Saint Quentin, en 1557 ;

Louis Georges de *Crouy-Chanel* combattant à la
bataille de Cévisoles, en 1544.

Hector de *Crouy-Chanel* sauvant la vie à Louis
XI, alors dauphin, en 1470.

Elle aurait trouvé, dans des temps plus reculés,
Rodolphe de *Crouy-Chanel*, administrateur de la
province du Dauphiné, en 1434 ; Jean de *Crouy-
Chanel*, fait chevalier sur le champ de bataille
de Rosbeck, le 27 octobre 1382 ; Guillaume de
Crouy-Chanel, mort sur le champ de bataille de
Crécy, 1346, et Pierre de *Crouy-Chanel*, faisant
prisonnier le comte Édouard de Savoie à la bataille de Varey, 1355. Enfin, poussant ses vérifica-
tions plus loin, la cour serait arrivée à Félix de
Crouy-Chanel, fils d'André dit le Vénitien, et
petit-fils d'André II, roi de Hongrie, auquel suc-
céda au trône de Hongrie, en 1301, Venceslas,
déjà roi de Pologne, en 1300, et qui, en 1305, réunit
sur sa tête les trois couronnes de Pologne, de
Hongrie et de Bohême.

L'avocat du marquis de Crouy-Chanel plaidant

dans cette cause, devant la cour de cassation, dit:

« Messieurs, si l'arrêt de la cour royale de Paris,
« dénoncé à votre censure, n'était pas sous vos yeux,
« vous ne pourriez pas y croire! Cet arrêt juge d'of-
« fice et déclare *juger d'office*, c'est-à-dire sans
« autre mission que celle *du bon plaisir* des juges,
« que le marquis de *Crouy-Chanel* de Hongrie n'a
« pas le droit de porter le nom de Crouy, le nom
« inscrit dans son acte de naissance, le nom de ses
« ancêtres, le nom qui fonde sa possession d'état!

« Il n'y avait pas de procès sur ce point, pas de
« questions, pas de conclusions, pas d'adversaire,
« par conséquent, pas même de défense possible.
« C'est incidemment à un débat pécuniaire, tout à
« fait étranger à la qualité des personnes, que la
« cour royale, de sa seule autorité s'est brusquement
« emparée du nom de l'une des parties, pour en or-
« doner d'office la radiation sur toutes les pièces
« de la procédure, et *partout où besoin sera.*

« Jamais pareil excès de pouvoir n'avait encore
« troublé la jurisprudence! Toutes les familles
« seraient menacées dans la base même de leur
« union, si ce système d'omnipotence pouvait
« trouver grâce devant la loi. »

Je me renferme, au surplus, dans l'arrêt du 12
mai 1821, exécuté par MM. de Croy d'Havré et de
Solre, dont voici le principal motif sur ce point:

« Considérant qu'il résulte des faits de la cause,
« qu'avant l'année 1335 les parties de Bonnet,
« (MM. d'Havré et de Solre) ne rapportent aucun

« titre qui prouve leur origine et descendance de
« la maison royale de Hongrie, et que leur pré-
« tention à cet égard n'est appuyée que sur l'opi-
« nion diversement énoncée des historiens et des
« auteurs qui ont traité de la généalogie de leur
« maison, opinion *contredite* par plusieurs et
« même *démentie* par deux célèbres généalogistes
« (d'Hozier et Chérin), dont l'un atteste qu'on ne
« pouvait garantir la maison de Croy au-delà de
« cette époque.

« Au contraire, la maison de Crouy-Chanel de
« Hongrie possède tous les titres qui, sans interrup-
« tion, rattachent son origine à Félix de Hongrie,
« dit Crouy-Chanel, fils d'André III. roi de Hon-
« grie, dit le Vénitien, et petit-fils d'André II. fils
« de Béla III. et de Marguerite de France, comtesse
« de Véxin.

« Les expéditions authentiques de tous ces actes
« sont jointes au dossier. Ne craignez pas, Messieurs,
« que je prétende sortir des limites de votre juri-
« diction. Cette production, je l'avoue, est faite
« pour l'honneur de la cause; mais la loi nous y
« autorise ; car l'abus de pouvoir dont l'arrêt de
« la cour royale est entaché appelle une réponse ; il
« porte atteinte aux droits sacrés de famille, et
« rien de plus légal, rien de plus rationnel, que de
« démentir d'abord, par l'authenticité des titres, la
« dénégation purement *officieuse* de l'arrêt.

« Chaque famille, continue l'avocat, a le droit
« incontestable de réunir, comme titres de pro-

« priété, tous les noms sous lesquels elle a été con-
« nue à toutes les époques de son existence ; et si
« la loi du 11 germinal an XI. exige des conditions
« et des formalités pour les changemens de noms,
« aucune loi ne les impose pour reprendre ceux
« que des actes ou une ancienne possession garan-
« tissaient comme patronimiques. »

La cour, après une heure de délibération, pro-
nonce son arrêt dans les termes suivants:

« Vu les art. 4 tit. 4 de la loi du 24 août 1790,
« et 61 du code de procédure civile.

« Attendu que les Tribunaux ne sont légalement
« saisis et ne peuvent connaître que des demandes
« portées devant eux par les parties ;

« Attendu que dans l'instance sur laquelle est
« intervenu l'arrêt attaqué, il n'y avait aucune
« demande en radiation du nom de Crouy ; que
« cependant la Cour royale, qui l'a rendu, a ordon-
« né d'office que ce nom serait rayé de la minute
« et de l'éxpédition du jugement dont était appel,
« et partout où besoin sera ; *qu'en ce chef elle à*
« *violé les lois ci-dessus citées.*

« La Cour casse et annulle l'arrêt du 16 juin
« 1828, dont est question, ordonne l'impression et
« la transcription du présent arrêt sur les registres
« de la Cour royale de Paris, etc.

Ainsi les lois avaient été violées à notre égard, et
la Cour suprême, en le déclarant, nous rétablit
dans la plénitude de notre nom et de nos droits,
par son arrêt solennel du 6 avril 1830.

Le nom de Crouy a été porté dès les années 1279 et 1282 par nos ancêtres, issus en ligne di-rècte et masculine de la maison royale de Hongrie; ils étaient seigneurs de Crouy et de Chanai, *alias* Chanel. Dans le partage qui fut opéré de leurs diverses possessions, les uns retinrent le nom de Crouy, les autres celui de Chanel, ou les réunirent quelquefois ensemble.

Cette origine et la propriété de ces noms sont rigoureusement établies et prouvées par l'arrêt de la chambre des Comptes de Grenoble, que nous rapportons ici. —

Conclusions de M. le Procureur-général du roi, en la chambre des comptes du Dauphiné, du 22 mars 1790.

« Entre nobles Jean-Claude de Crouy-Chanel et
« François-Nicolas de Crouy-Chanel, frères, de-
« mandeurs suivant les fins de leur requête du 25
« février 1790, tendante à ce qu'il leur soit donné
« acte de la présentation qu'ils font des *originaux*,
« *minutes* ou *expeditions originales* de tous les
« actes, titres et pièces énoncés en la dite requête,
« et y joints, et à ce que les dits titres ou actes
« soient enregistrés au greffe de la chambre, pour
« y avoir recours et en être délivré des expédi-
« tions, tant aux demandeurs qu'aux leurs, et
« qu'en conséquence il plaise à la chambre dé-
« clarer les dits demandeurs descendants, en ligne
« directe et masculine, de Félix de Hongrie, fils
« d'André, dit le Vénitien, petit-fils du prince

« Etienne, dit le Posthume, et arrière-petit-fils
« d'André II, roi de Hongrie.

« Tous les trois, parties ou appelés et ainsi
« qu'ils sont désignés dans l'acte des 1ᵉʳ mars
« 1279, 9 février 1282, et 27 avril 1282, et dans le
« testament d'Hector de Crouy-Chanel, du 28 dé-
« cembre 1488, et comme tels, avoir droit de jouir
« de tous les honneurs et priviléges, prérogatives,
« préséances, prééminences et droits dont jouissent
« et doivent jouir les anciens nobles, suivant et
« conformément aux lois du royaume, comme
« aussi du droit et possession de porter les armes
« dont a été scéllé le dit acte du premier mars
« 1279, dont il est fait mention dans le susdit testa-
« ment d'Hector de Crouy, fascé d'argent et de
« gueules de huit pièces, timbré d'un casque ou
« d'une couronne, (l'empreinte étant éffacée, on ne
« peut pas affirmer si c'est plutôt un casque qu'une
« couronne antique), ayant pour cimier une croix
« surmontée d'un fer de lance, l'écu suspendu à un
« arbre, et ayant deux guerriers pour supports,
« avec inhibitions et défenses à toutes personnes,
« de quelle qualité et condition qu'elles soient, de
« troubler les demandeurs auxdits droits et pos-
« sessions, sous les peines de droit, d'une part.

« Et le Procureur-général du roi, défendeur,
« d'autre.

« Vu la requête signée par les parties et par
« Durand, procureur en la chambre, répondue le
« 25 février 1790, de soit montré au procureur-

« général, qui a conclu à la production, à l'in-
« struction contradictoire, et rémission à la forme
« de l'ordonnance, par le moyen des procureurs
« des parties et du procureur-général du roi, qui se
« coteraient respectivement au greffe de la chambre,
« sur lesquelles conclusions est intervenue ordon-
« nance conforme, mise au bas de ladite requête,
« le même jour 25 février.

L'acte de présentation audit greffe par lesdits sieurs de Crouy-Chanel, par le ministère de Durand, procureur en la chambre, dudit jour 25 février. Autre acte de présentation du procureur-général du roi, par le ministere de Rivière, procureur, dudit jour 25 février. Sommation du même jour par Durand à Rivière, pour voir appointer le procès entre les parties. Arrêt d'appointement du 2 du présent mois de mars, par lequel il est ordonné que Durand, procureur desdits sieurs de Crouy-Chanel, donnera en communication originale, dans le delai de trois jours, les titres et pièces dont ils prétendent s'aider et servir : ledit arrêt signifié à Rivière, procureur de M. le procureur-général, le 8 dudit mois. — Inventaire de production desdits titres et pièces, ensemble des formalités, tirant depuis la lettre A jusqu'à la lettre Z triple. — Acte de la remission faite au greffier de ladite chambre, le susdit jour 8 mars, signifié le même jour, avec l'inventaire de production. Acte de remission des titres et pièces en communication originale, extrait de la matricule de Durand, signifié audit Rivière, le 9 dudit mois de mars.

« Lesquels titres et pièces nous ayant ensuite été
« remis en communication originale, nous les
« avons vus, examinés et vérifiés, ainsi que ci-
« après. (Ici suit l'analyse de toutes les pièces que
« nous avons produites dans les preuves, à leur
« ordre de date et telles qu'elles ont été visées et
« analysées dans les présentes conclusions de M. le
« procureur-général.)

« Vu aussi la requête des sieurs de Crouy-Chanel,
« du 6 mars dernier, tendante à la vidimation, col-
« lation et vérification par un commissaire, qui se-
« rait député par la chambre, des actes ci-dessus
« énoncés, étant aux registres de la paroisse de
« Saint-Hugues. L'arrêt de la chambre, du même
« jour, mis au bas de ladite requête, qui ordonne
« lesdites vidimation et collation, en présence du
« procureur-général du roi, et députe à cet effet
« M. Jean Gabriel du Port-Roux, conseiller maître ;
« lesdites requêtes et arrêt signifiés au procureur-
« général du roi, ledit jour ; la procédure du 6
« du présent mois de mars, de vidimation et col-
« lation desdits actes séparés des procès-verbaux
« faits au bas de chacun d'iceux, ladite procédure
« signifiée au procureur-général du roi, le 10 du
« présent mois.—Et encore la requête en jonction
« des actes produits par lesdits sieurs de Crouy-
« Chanel, du 19 du présent mois de mars, ap-
« pointé d'ordonnance conforme, et à nous signi-
« fiés le 20 dudit mois ; lesdits actes consistants en

« l'acte du 14 octobre 1743, en la quittance du 14
« mars 1744, et en la transaction du 27 juillet
« 1751, à nous signifiés, le 15 dudit mois de mars,
« donnés ensuite en communication originale, et
« ci-dessus visés à leurs degrés.

« Il résulte évidemment des actes ci-dessus du
« 13e du 14e et du 15e siècles, qu'il existait à Alle-
« vard, dès la fin du 13e, une famille noble du nom
« *de Crouy-Chanel*, Chaneli, ou Chanelis, *alias*
« Crouy ; que le premier gentilhomme de ce nom,
« connu à Allevard, fut Félix de Hongrie, dit de
« Crouy-Chanel, qui avait épousé Guiyonne de la
« Chambre, dame de la tour d'Allevard, qualifiée
« veuve du seigneur Félix de Crouy-Chanel, cheva-
« lier. Cette qualité de chevalier, que les descen-
« dants ont prise pendant les 14e., 15e., et 16e.,
« siècles, ne permet pas de douter que cette famille
« ne fût d'ancienne noblesse d'extraction.

« C'est de cette maison que prétendent descendre
« les sieurs de Crouy-Chanel ; les actes sur lesquels
« ils établissent leurs prétentions et la preuve de
« leur origine et de leur descendance, *sont tous en*
« *minutes ou grosses originales, et leur preuve ne*
« *laisse rien à désirer.*

« Lorsqu'on fait attention que le nom de baptême
et de famille de Félix de Crouy-Chanel sont exactement les mêmes dans tous les actes et écrits, avec
la même ortographe, sans la moindre différence,
il est impossible de se refuser à croire que c'est le
même individu dans les uns et dans les autres actes,

surtout lorsqu'on observera que le nom de baptême, Félix, ne s'exprime dans cette province, en
latin, que par ceux de *Felix, Felicis,* et que consé-
quemment, s'il eût été donné à quelqu'un qui fût
né à Allevard ou dans la province, nous le trouve-
rions exprimé par *Felicis* au lieu de *Felicii,* employé dans les actes de 1286 et 1309, qui répon-
dent parfaitement au mot *Felicium,* employé dans
celui du premier mars 1279, qui ne peut être tra-
duit que par le mot Félix ; ou s'il l'était par celui
de *Felicius,* ce serait, en ce cas, un nom qui n'est
point du tout en usage dans la province, et qui,
dès lors, indiquerait un étranger qui était venu s'y
établir ; d'ailleurs, ce qui doit trancher toute difficulté, c'est le testament d'Hector de Crouy–Chanel, du 28 décembre 1488, qui rappelle l'acte de
1279, de la manière la plus expresse, comme un
titre et un patrimoine de sa famille. L'authenticité
de ce testament rapporté en minute dans un pro-
tocole où il se trouve attaché avec plusieurs autres
actes, prenant sur les mêmes feuilles, et son anti-
quité de trois siècles complets, ne doivent laisser
aucun doute, ni sur la réalité et la sincérité de
cet acte, ni sur la preuve qu'il renferme, que l'acte
du premier mars 1279 appartient à la famille de
Crouy-Chanel, établie à Allevard, à la fin du XIIIe
siècle.

« Nous ne rappellerons pas les preuves de filiation
des autres degrés, qui sont parfaitement complètes
par trois ou quatre actes sur chacun, même jus-

qu'à six dans les derniers; une seule difficulté nous avait d'abord arrêté dans les actes produits pour preuve d'existence; c'était celle que présentait l'acte du 24 août 1434, dans lequel Rodolphe de Crouy-Chanel est qualifié châtelain Delphinal d'Allevard, tandis qu'on ne trouve point aux archives de la chambre, le compte rendu des revenus domainaux de cette châtellenerie. Mais nous avons vérifié que les comptes de cette époque avaient été rendus par le vice-châtelain Jean Chanet, qu'on peut d'autant moins confondre avec Rodolphe Chanel, sous le prétexte de l'approximation de ressemblance de ce nom, qu'il est prouvé par une multitude d'actes, que c'étaient deux familles bien distinctes; que d'ailleurs, le même Jéan Chanet stipule dans le même acte de 1434, en sa qualité de vice-châtelain, ce qui corrobore la preuve de la sincérité de cet acte; d'ailleurs, pour ne laisser aucun doute à cet égard, l'acte de 1434, ayant été reçu par Jacques Dédin, notaire, connu par les terriers et la multitude d'actes qu'il a reçus relativement au domaine d'Allevard, nous avons cherché, dans les archives de la chambre, des actes de comparaison, et nous nous sommes surtout attachés à deux expéditions originales des actes des 31 mars 1438 et 12 mars 1447, ci-dessus visés.

« Nous en avons reconnu les écritures, signatures et monogrammes si exactement et absolument conformes, qu'il ne saurait rester aucun doute ni sur la sincérité, ni sur l'authenticité de l'acte du 24 août 1434; ainsi, non-seulement la noblesse des sieurs de Crouy-Chanel ne nous paraît pas douteuse, mais ils se sont encore constamment alliés à des familles d'ancienne noblesse de la province.

Par ces motifs :

« Nous concluons à ce qu'il soit donné acte auxdits nobles Jean-Claude et François-Nicolas de Crouy-Chanel frères, de la présentation, par eux faite en minutes et grosses originales, des titres et actes énoncés en leur requête ; qu'en conséquence, faisant droit, par la chambre, aux fins et conclusions par eux prises, il soit déclaré qu'ils ont suffisamment prouvé leur origine et leur descendance en ligne directe et masculine de Félix de Crouy-Chanel, fils d'André, dit le Vénitien, petit-fils du Prince Etienne, et arrière petit-fils du roi André II, dont en l'acte des premier mars 1279, 9 février 1282, 27 avril 1282, et en celui du 5 des ides de décembre 1286 : ce faisant, qu'il soit ordonné que ladite requête, lesdits titres et actes seront enregistrés au greffe de la chambre sur les originaux qui resteront audit greffe jusqu'après le dit enregistrement, à l'effet de constater l'origine et la descendance desdits sieurs de Crouy-Chanel, et de jouir par eux et leurs descendans en ligne directe des droits, honneurs et priviléges de noblesse et armoiries, et autres résultans desdits titres et actes, suivant et conformément aux lois du royaume;

comme aussi que ledit enregistrement fait, il leur soit délivré des expéditions en forme, tant desdits titres et requêtes, que de de l'arrêt qui interviedra.

Délibéré au parquet, le 22 mars 1790. »

Signé DELAGRÉE.

Arrêt de la chambre des comptes du Dauphiné, du 26 mars 1790, qui déclare que noble Jean-Claude de Crouy-Chanel et François de Crouy-Chanel frères, ont suffisamment prouvé leur origine et leur descendance en ligne directe et masculine de Félix de Crouy-Chanel, fils d'André dit le Vénitien, petit-fils du prince Etienne et arrière-petit-fils d'André II, roi de Hongrie, et ordonne que les titres par eux produits seront enregistrés, à l'effet de constater l'origine et la descendance desdits sieurs de Crouy-Chanel, pour jouir par eux et leurs descendans en ligne directe, des droits, honneurs et priviléges de noblesse, armoiries et autres droits résultans desdits titres conformément aux lois du royaume.

« Louis, par la grace de Dieu, et par la loi constitutionnelle de l'état, roi des Français, à tous ceux qui ces présentes verront, salut : savoir faisons que procès civil aurait été mu et intenté par devant notre chambre des comptes du Dauphiné, entre nobles Jean-Claude de Crouy-Chanel, et François-Nicolas de Crouy-Chanel frères, demandeurs, suivant les fins de leur requête du 25 février 1790, tendante à ce qu'il leur soit donné acte de présentation qu'ils font des originaux, minutes ou expéditions originales de tous les titres, actes et pièces énoncés en ladite requête et y joints, et à ce que lesdits titres et actes soient enregistrés au greffe de notredite chambre, pour y avoir recours et en être délivré des expéditions, tant aux demandeurs qu'aux leurs ; et qu'en conséquence, il plaise à notre dite chambre, déclarer lesdits demandeurs, descendants en ligne directe et masculine de Félix de Crouy-Chanel, fils d'André, dit le Vénitien, petit-fils du prince Étienne, et arrière-petit-fils d'André II ; tous les trois parties ou appelés, et ainsi qu'ils sont désignés dans l'acte des 1ᵉʳ. mars 1279, 17 février 1282, 27 avril 1282, et dans le testament d'Hector de Crouy-Chancel, du 28 décembre 1488, et comme tels, avoir droit de jouir de tous les honneurs privilèges, prérogatives, préséances, prééminances et droits dont jouissent et doivent jouir les anciens nobles, suivant et conformément aux lois du royaume ; comme aussi du droit et possession de porter les armes, dont a été scellé ledit acte du 1ᵉʳ. mars 1279, dont il est fait mention dans le susdit testament d'Hector, fascées d'argent et de gueules de huit pièces timbrées d'un casque ou d'une couronne antique, ayant pour cimier une croix, surmontée d'un fer de lance, l'écu suspendu à un arbre et ayant deux guerriers pour supports, avec inhibitions et défenses à toutes personnes, de quelques qualité et condition qu'elles soient, de troubler les demandeurs auxdits droits et possessions, sous

les peines du droit, d'une part; et entre notre amé
et féal procureur-général, défendeur, d'autre.

« Vu par notredite chambre, la requête a elle
présentée par lesdits nobles de Crouy-Chanel, par
eux signée, et par Durand, procureur en notredite chambre, par laquelle, après avoir analysé
tous les titres et actes servant à établir leur filiation et descendance de Félix de Crouy-Chanel, fils
d'André, dit le Vénitien, petit-fils du prince
Etienne, et arrière-petit-fils du roi André II, ils
requièrent qu'il leur soit donné acte de la repré-
sentation par eux faite des originaux, minutes ou
expéditions originales de tous lesdits actes, titres
et pièces : qu'il soit ordonné qu'ils seront tous enregistrés au greffe de notredite chambre, pour y
avoir recours et en être délivré des expéditions à
eux et aux leurs; qu'en conséquence les supplians
soient déclarés descendans en ligne directe et masculine dudit Félix de Crouy-Chanel, fils d'André,
dit le Vénitien, petit-fils du prince Etienne, et
arrière-petit-fils du roi André II, et comme tels,
que les supplians et leurs descendans continueront
à jouir de tous les droits, honneurs, priviléges,
prérogatives, préséances et prééminences dont
jouissent et doivent jouir les anciens nobles, suivant et conformément aux lois du royaume;
comme aussi du droit et possession de porter les
armes, dont il a scellé l'acte de 1279, énoncé en ladite requête, et rappelées dans les actes postérieurs,

qui sont fascées d'argent, et de gueules de huit pièces timbrées d'un casque ou d'une couronne antique, ayant pour cimier une croix surmontée d'un fer de lance, l'écu suspendu à un arbre, et ayant deux guerriers armés pour supports ; ladite requête répondue le 25 février 1790, de soit montré à notre amé et féal procureur-général.

Signé Tiouilloud.

« Les conclusions de notre ditamé et féal procureur-général, du même jour, par lesquelles il n'empêche qu'il soit dit que les supplians se coteront au greffe, par le moyen des procureurs en notredite chambre, à l'effet de produire, instruire et remettre à la forme de l'ordonnance ; pour lesdites productions et instructions, faites contradictoirement avec lui, par le moyen du procureur qu'il ferait coter pour lui audit greffe, et sur ses conclusions, être statué par notre dite chambre, sur les fins de ladite requête, ce qu'il appartiendrait ; les dites conclusions signées *Delagrée*. Sur lesquelles conclusions est intervenue ordonnance conforme, mise au bas de ladite requête, le même jour, 25 février, ladite requête signifiée à Rivière, procureur de notre amé et féal procureur-général, le même jour ; l'acte de présentation audit greffe, par lesdits sieurs de Crouy-Chanel, par le ministère de Durand leur procureur en notredite chambre dudit jour 25 février, signifié audit Rivière, procureur, le 8 mars 1790. Autre acte de présentation

de notre amé et féal procureur-général, par le ministère de Rivière son procureur, dudit jour 27 février,
signifié même jour ; sommation du même jour, par
Durand à Rivière, pour voir appointer le procès entre les parties, signifié ledit jour audit Rivière ;
arrêt d'appointement en droit, du 2 mars 1790,
par lequel il est ordonné que Durand, procureur
desdits nobles Jean-Claude et François-Nicolas de
Crouy-Chanel frères, donnera en communication
originale, dans le délai de trois jours, les titres et
pièces dont ils prétendent s'aider et servir ; ledit
arrêt signifié à Rivière, procureur de notredit amé et
féal procureur-général, le 8 dudit mois ; inventaire de production desdits titres et pièces, ainsi
que des formalités, tirant depuis la lettre A, jusques
à la triple lettre E E E, signifié à Rivière, procureur, le 8 mars 1790 ; acté de la rémission faite
au greffe de ladite chambre, le susdit jour 8 mars,
du procès desdits sieurs de Crouy-Chanel, signifié
le même jour ; acte de rémission desdits titres et
pièces en communication originale, du 9 dudit
mois de mars. Extrait de la matricule de Durand,
procureur desdits sieurs de Crouy-Chanel, signifié
ledit jour audit Rivière ; autre requête à notredite
chambre par lesdits nobles Jean-Claude et François-Nicolas de Crouy-Chanel frères, tendante à
ce que notredite chambre commit tel de nos amés
et féaux conseillers-maîtres ordinaires en icelle,
qu'il lui plairait nommer, pour, en l'assistance

de notre amé et féal procureur-général en notre dite chambre, vidimer et collationner sur les originaux les expéditions de divers actes de baptême, et d'épousailles ou bénédiction nuptiale, concernant la famille desdits sieurs de Crouy-Chanel, énoncés en ladite requête, lesquels actes originaux se trouvaient dans les registres de la paroisse de Saint-Hugues de Grenoble; ladite requête répondue de soit montré à notre amé et féal procureur-général, du 6 mars 1790. Les conclusions de notredit amé et féal procureur-général dudit jour, par lesquelles il n'empêche qu'il soit procédé à la vidimation et collation desdits actes sur leurs originaux, par devant l'un des conseillers-maîtres qui serait commis à cet effet; desquelles vidimation et collation il serait dressé procès-verbal aux formes ordinaires, en sa présence et assistance. Arrêt de notredite chambre, du même jour, mis au bas de ladite requête, qui ordonne lesdites vidimation et collation en présence de notredit amé et féal procureur-général, et députe à cet effet notre amé et féal Jean-Gabriel du Port-Roux, notre conseiller-maître; lesdites requêtes et arrêt signifiés le même jour audit Rivière, procureur de notredit amé et féal procureur-général. Extrait de la procédure du même jour 6 mars 1790, de vidimation et collation desdits actes, par devant lesdits commissaires, en présence et assistance de notredit amé et féal procureur-général; ladite procédure séparée des procès - verbaux faits au bas de chacun desdits extraits, signifiée audit Me Rivière , procureur de notre amé et féal procureur-général , le 10 dudit mois de mars ; autre requête présentée à notredite chambre par lesdits frères de Crouy-Chanel , tendante à jonction de quelques actes et titres y énoncés ; répondu d'ordonnance de soit montré à notre amé et féal procureur-général , du 19 mars 1790 ; les conclusions de notredit amé et féal procureur-général , par lesquelles il n'empêche la jonction requise dudit jour ; ordonnance de notredite chambre, du 20 dudit mois, conforme aux conclusions, ladite requête et ordonnance signifiées, ledit jour 20 mars, à Rivière , procureur de notredit amé et féal procureur-général. Vu ensuite (suit le vu et l'analyse de tous les actes et titres que nous avons produits dans nos preuves , par ordre de date et de génération.).

« Vu aussi les conclusions de notre amé et féal procureur-général en notredite chambre, du 22 mars 1790, par lesquelles, après avoir visé et analysé tous les titres ci-dessus énoncés, il conclut à ce qu'il soit donné acte auxdits nobles Jean Claude , et François Nicolas de Crouy-Chanel frères, de la présentation, par eux faite en minutes et grosses originales, des titres et actes énoncés en leur requête ; qu'en conséquence, faisant droit, par notredite chambre, aux fins et conclusions par eux prises, il soit déclaré qu'ils ont suffisamment prouvé leur origine et leur descendance en ligne directe et masculine de Félix de Crouy-Chanel, fils d'André, dit le Vénitien, petit-fils du prince Etienne, et arrière-petit-fils du roi André II. dont en l'acte des premier mars 1279, 9 février 1282, 27 avril 1282, et en celui du 5 des ides de décembre 1286; ce faisant, qu'il soit ordonné que ladite requête, lesdits titres et actes seront enregistrés au greffe de notredite chambre, sur les originaux qui resteront audit greffe, jusqu'après lesdits enregistrements, à l'effet de constater l'origine et la descendance desdits sieurs de Crouy-Chanel, et de jouir, par eux et leurs descendants en ligne directe, des droits, honneurs et priviléges de noblesse et armoiries et autres, resultants desdits titres et actes, suivant et conformément aux lois du royaume ; comme aussi, que le dit enregistrement fait, il leur soit délivré des expéditions en forme, tant desdits titres et requêtes, que de l'arrêt qui intervindra. Et ouï, sur ce, le rapport de notre amé et féal Daniel-Joseph d'Izouard, conseiller-maître ordinaire en notredite chambre, commissaire en cette partie, par elle député; et tout considéré.

« Notredite chambre a donné acte auxdits Jean-Claude et François-Nicolas de Crouy-Chanel, de la présentation par eux faite, en minutes et grosses originales, des titres et actes énoncés en leur requête; et en conséquence, faisant droit aux con-

clusions par eux prises, déclare qu'ils ont suffisamment prouvé leur origine et leur descendance en
ligne directe et masculine de Félix de Crouy-
Chanel, fils d'André, dit le Vénitien, petit-fils du
prince Étienne, et arrière-petit-fils du roi André II, dont en l'acte des premier mars 1279, 9 février 1282, 27 avril 1282, et en celui du 5 des
ides de décembre 1286; ce faisant, ordonne que
lesdits titres et actes énoncés en leur requête, ensemble ladite requête seront enregistrés au greffe
de notre dite chambre, sur les originaux qui resteront audit greffe jusqu'après ledit enregistrement ,
à l'effet de constater l'origine et la descendance
desdits de Crouy-Chanel, et de jouir, par eux et
leurs descendants en ligne directe, des droits, honneurs et priviléges de noblesse, et armoiries et
autres résultants desdits titres et actes, suivant et
conformément aux lois du royaume; comme aussi,
ledit enregistrement fait, il leur sera délivré à
chacun des expéditions en forme, tant desdits actes,
titres et requêtes, que du présent arrêt. Sɪ ᴅᴏɴɴᴏɴs
ᴇɴ ᴍᴀɴᴅᴇᴍᴇɴᴛ au premier notre huissier, ou autre
huissier sergent royal, faire pour l'entière exécu-
tion du présent arrêt, à la requête desdits nobles
Jean-Claude et François-Nicolas de Crouy-Chanel
frères, tous actes et exploits de justice requis né-
cessaires, à l'encontre de tout qu'il appartiendra :
de ce faire et donnons pouvoir, en témoin de quoi
nous avons fait mettre et apposer le scel de notre
chancellerie à cesdites présentes. Donné à Gre-

noble, en notredite chambre, le 26 mars, l'an de grâce 1790, et de notre règne le seizième. Par la chambre. *Signé* PERIER.

De suite est écrit : Collationné, une livre.

Signé GUEDY.

A la marge de ladite expédition d'arrêt, est écrit :

Vu *signé* CHABONS.

A côté est écrit : scellé, 3 avril 1790.

Signé FROMENT.

Au commencement de la marge est encore écrit : Signifié et donné copie à M⁰ Rivière, procureur de M. le procureur-général, ce 6 avril 1790.

Signé ALLIOUD. »

Au bas de cet arrêt est le sceau de la chancellerie en cire rouge, sur un lac de parchemin à double queue, tenant aux trois derniers feuillets.

Acte de signification, faite le 6 avril 1790, du susdit arrêt de la part desdits noble Jean-Claude et François-Nicolas de Crouy-Chanel, frères, à M. le procureur-général du Roi, en la chambre des comptes. L'an mil sept cent quatre-vingt-dix et le sixième avril, je, huissier du roi, en sa chambre des comptes, du Dauphiné, résidant à Grenoble, soussigné, au requis de nobles Jean-Claude et François-Nicolas de Crouy-Chanel frères, j'ai bien dûment intimé et signifié à M. le procureur-général en la chambre des comptes de cette province du Dauphiné, l'arrêt qu'ils ont obtenu, et contradictoirement rendu par ladite chambre des comptes, contre mondit sieur le procureur-général le 26 du mois de mars dernier 1790, dûment signé et scellé en forme aux fins qu'il n'en ignore; ayant, à cet effet, à mondit sieur le procureur - général, donné et laissé copie, tant dudit arrêt, que du présent exploit, en son domicile, rue Neuve, où je me suis exprès transporté, parlant à un de ses domestiques, qui m'a déclaré s'appeler Clément. *Signé* Allioud.

Contrôlé à Grenoble, le 9 avril 1790; reçu vingt-cinq sous six deniers.

Signé Pelloux.

Le public, toujours appréciateur des choses et des événemens, pensera, après la lecture de cet exposé, qu'il nous était impossible de passer sous silence les impostures et les injures du sieur Laîné.

Des familles respectables ne doivent pas permettre que des écrivains stipendiés et toujours avides d'argent, les insultent à leur gré, et impriment, contre la vérité et l'honneur, des mensonges et des absurdités qui peuvent trouver certain crédit dans le vulgaire.

Si le sieur Laîné, en écrivain sage et délicat, se fut borné à faire mention de MM. Croy d'Havré et

Solre, dans le sens même qui pouvait lui convenir, et sans nous attaquer d'une manière aussi basse et aussi mensongère, nous n'eussions en rien retorqué son article; il eût passé sans aucune protestation de notre part, parce qu'il n'entre nullement dans nos intentions de rétablir une polémique à l'occasion de MM. de Croy d'Havré et Solre; nous étions satisfaits du jugement que nous avions obtenu contre eux, et nous trouvions au-dessous de nous d'en faire bruit d'avantage; c'est au sieur Laîné seul, leur zélé partisan, qu'ils auront à s'en prendre si nous occupons encore le public et d'eux, et de nous; ils verront que ce zèle passe raison et vérité, puisque cet auteur pousse la fourberie et le mensonge, jusqu'à dire au public, que la généalogie de leur maison, que le sieur Courcelles et lui ont publiée, *est le travail le plus exact et le plus complet en ce genre.* Cette déclaration couvre le sieur Laîné de ridicule, et met ses mensonges au grand jour; car dans cette généalogie, le sieur Courcelles et lui ont précisément, dans leur munificence extrême, décerne à la maison de Croy d'Havré et de Solre, une origine royale, qu'ils font dériver des souverains d'Hongrie, et ils lui en concèdent les armes. Cette turpitude se trouve démasquée de la manière la plus officielle et la plus authentique par l'arrêt du 12 mai 1821°, qui infirme cette origine et oblige ces messieurs à quitter les armes d'Hongrie, qui n'étaient pas les leurs, mais bien les nôtres.

D'après cela, croyez-en désormais le sieur Laîné sur parole, et croyez encore aux généalogies qu'il dresse à prix d'argent!... Des couronnes ne lui coûtent rien; il en distribuera à qui en voudra, pourvu qu'on lui paye ses généalogies et qu'il les imprime, au risque de faire rire le public de ses œuvres.

Les vrais généalogistes du roi, tels que les Clerambault, les Cherin, les Berthier, les Baujon, étaient indemnisés et défrayés par l'Etat. Ils étaient institués par l'autorité souveraine, à l'effet d'éclairer sur l'origine et les services des familles nobles, ils auraient rougi de recevoir la moindre somme, la moindre offrande, pour prix de leurs travaux, et ils eussent été ignominieusement destitués s'ils se fussent rendus coupables de la moindre infraction aux règles de la probité la plus rigoureuse; ils se seraient bien gardés encore de faire imprimer et publier les généalogies qu'ils dressaient pour le roi; c'eût été faire trafic de leurs œuvres, et les commettre à la critique de gens toujours disposés à manifester leur jalousie, leur envie, contre l'expression même de la plus pure vérité, tels étaient les généalogistes du roi; et tel ne fut point le sieur de Courcelles, et tel n'est pas, et ne sera pas le sieur Laîné.

Ce *piètre* auteur s'est occupé de notre origine, et il en a imposé au public; nous nous occuperons de la *sienne*, et nous serons peut-être forcés de descendre bien bas; nous le suivrons ensuite dans les divers faits et gestes de sa vie, dans ses *trop nobles* travaux généalogiques; nous n'en n'imposerons pas plus dans une seconde notice que nous nous proposons de publier, que nous ne l'avons fait dans celle-ci, qui est l'expression de la plus exacte vérité.

Paris, le 23 mars 1836.

Le comte de CROUY-CHANEL D'HONGRIE.

Rue de la Tour-d'Auvergne, n° 15.

Se vend à Paris, chez tous les marchands de nouveautés.